Willy Schneider

Das perfekte Exposé für die Bachelor- und Masterarbeit

Ein Kompakt-Leitfaden für Studierende der Betriebswirtschaftslehre

Bibliographische Information der Deutschen Nationalbibliothek:

Die Deutsche Nationalbibliothek verzeichnet diese Publikation in der Deutschen Nationalbibliographie; detaillierte bibliographische Daten sind im Internet über http://dnb.dnb.de abrufbar.

© 2021 Willy Schneider

Herstellung und Verlag: BoD – Books on Demand, Norderstedt

ISBN: 9783753477121

Vorwort

Jeder Studierende der Betriebswirtschaftslehre muss am Ende seines Studiums eine wissenschaftliche Abschlussarbeit in Form einer **Bachelor-** oder **Masterarbeit** verfassen. Wenn es aber an den entsprechenden **Werkzeugen** fehlt, ist ein schlechtes Abschneiden oder gar Scheitern vorprogrammiert.

Den Ausgangspunkt der wissenschaftlichen Abschlussarbeit bildet in aller Regel die Anfertigung eines **Exposés**. Hier steht der Studierende vor der **Herausforderung**,

- einen durchdachten, konfektionierten und anspruchsvollen Titel zu entwickeln,

- sich einen Überblick über die Forschungs- (State-of-the-Art), Theorie- und Quellenlage zu verschaffen,

- sein Forschungsvorhaben zu strukturieren und nicht zuletzt

- einen Zeitplan zu erstellen.

Mit dem Exposé muss der Studierende seinen (potenziellen) **Betreuer** davon überzeugen, dass er das anvisierte Forschungsvorhaben strukturiert und wissenschaftlich fundiert bewältigen kann. Damit ist das Exposé nichts anderes als eine Art „**wissenschaftliche Visitenkarte**", die den häufig alles entscheidenden ersten Eindruck wesentlich prägt (sog. Primacy-Effekt). Bereits hier wird der Grundstein für einen erfolgreichen Abschluss der Arbeit gelegt wird. Dennoch wird das Know-how, wie man ein Exposé erfolgreich konzipiert und verfasst, an Hochschulen und Universitäten weitgehend vernachlässigt und allenfalls in Ansätzen vermittelt.

Der vorliegende **Leitfaden** begleitet den Leser Schritt für Schritt dabei, ein **Exposé** zu erstellen. Der perfekte Aufbau eines Exposés, der in der vorliegenden Publikation am Beispiel des Themas „**Kundenzufriedenheit**" veranschaulicht wird, setzt sich aus **acht Modulen** zusammen:

(1) (vorgelagert Themenfindung) Titel

(2) Problemstellung

(3) Zielsetzung(en), Forschungsfrage(en) und (Arbeits-)Hypothesen

(4) Forschungsstand („State-of-the-Art") und theoretische Basis

(5) Untersuchungsansatz bzw. -methode

(6) (Grob-)Gliederung

(7) Quellenbasis

(8) Zeitplan

Ergänzend werden die häufigsten **Fehler** bei der Erstellung eines Exposés aufgezeigt sowie **Tipps** zum Umgang mit dem Betreuer vorgestellt.

Zielgruppen des vorliegenden Buches sind:

- **Studierende der Betriebswirtschaftslehre**, die vor der Aufgabe stehen, eine wissenschaftliche Abschlussarbeit anzufertigen
- **Dozenten/innen**, die Studierende bei der Bewältigung dieser Herausforderung unterstützen wollen, dürfen oder müssen

Ausschließlich aus Gründen der Lesbarkeit wurde im Text zumeist die männliche Form gewählt, nichtsdestoweniger beziehen sich die Angaben auf Angehörige aller Geschlechter.

Heidelberg, im April 2021   Prof. Dr. Willy Schneider

Inhalt

1 Begriff, Nutzen und Bausteine eines Exposés

- Exposé (französisch: Darstellung, Darlegung, Überblick) = komprimierter, informativer Überblick über eine geplante wissenschaftliche Abschlussarbeit

- Nutzen eines Exposés

  - Zielführende Themenfindung

  - Formulierung eines durchdachten und konfektionierten Titels, der dem Anspruchsniveau (qualitativ) und dem vorgegebenen Umfang (quantitativ) der anvisierten Arbeit entspricht

  - Notwendigkeit, sich einen Überblick über die Forschungs- (State-of-the-Art) und Theorie- und Quellenlage zu verschaffen, ehe die Arbeit angemeldet wird

  - Strukturierung des Forschungsvorhabens

  - Erstellung eines Zeitplans, der letztlich auch der „Selbstkontrolle" dient

  - Erste „Visitenkarte" beim Betreuer, die zeigen soll, dass der Studierende das anvisierte Forschungsvorhaben strukturiert und wissenschaftlich fundiert bewältigen kann (Primacy-Effekt: Der erste Eindruck zählt!)

  - Basis für Betreuer, sich einen fundierten Eindruck vom Forschungsvorhaben des Studierenden zu verschaffen, um ihm daran anknüpfend ein erstes Feedback zu vermitteln und ihn zielführend zu beraten

- Umfang des Exposés: ca. 3 - 4 Seiten (bei Bedarf länger)

- Bestandteile eines Exposés

  (1) (vorgelagert Themenfindung) Titel

  (2) Problemstellung

  (3) Zielsetzung(en), Forschungsfrage(en) und (Arbeits-)Hypothesen

  (4) Forschungsstand („State-of-the-Art") und theoretische Basis

  (5) Untersuchungsansatz bzw. –methode

  (6) (Grob-)Gliederung

  (7) Quellenbasis

  (8) Zeitplan

Der ideale Aufbau eines Exposés wird im Folgenden am Beispiel des Themas „Kundenzufriedenheit" demonstriert.

2 Themenfindung

- Präferenz für ein bestimmtes Fach (etwa Marketing oder Rechnungswesen?) und/oder eine bestimmte Branche (Handel, Industrie, Dienstleistung, …)

- Themen-/Forschungsschwerpunkte sowie Interessensgebiete des Dozenten, der betreuen soll

  - Vorteil: intensive Betreuung

  - Nachteil: hohe Kompetenz des Betreuers, was gemeinhin zu starken Eingriffen in die Arbeit sowie einer strengeren Korrektur führt

- Nutzen der Arbeit für berufliche Karriere

  - Interesse für Thema bei Arbeitgebern

  - Berufliche Richtung, die man eingeschlagen hat bzw. einschlagen will

  - Konkretes Thema, das sich zum Beispiel auf eine spezielle Branche oder einen speziellen Arbeitsbereich fokussiert, ist für die Karriere besser geeignet als eine abstrakte theoretische Arbeit.

    - ➢ Vorteile: Nutzen für Arbeitgeber und damit Unterstützung durch Unternehmen, Zugang zu Praxisdaten

    - ➢ Nachteil: Studierender ist „Diener zweier Herren". Er steht zwischen dem wissenschaftlichen Betreuer und Firmenvertretern, was häufig zu einem schmerzhaften Spagat führt. Letztlich vergibt der Betreuer die Note!

- Aufbau auf/Anknüpfen an bereits erstellte/n Seminararbeiten/Projektarbeiten (deshalb Langfristplanung: Themen von Arbeiten, die in frühen Phasen des Studiums angefertigt werden, strategisch so wählen, dass man bei späteren Arbeiten darauf aufbauen kann!)

  – Welche Fragestellungen blieben in der bereits erstellten Seminararbeit/Projektarbeit unbeantwortet (zukünftiger Forschungsbedarf, den man im Regelfall im Schlusskapitel einer Arbeit aufzeigt)?

  – Kann man gewisse Aspekte einer Arbeit vertiefen?

    ➢ Beispiel: Wer seine Seminararbeit zum Themenkomplex „Kundenbeziehungslebenszyklus" geschrieben hat, kann seine Masterthesis zu folgenden Themen schreiben:

      ▪ Ansatzpunkte zur Akquisition neuer Kunden im Bankensektor – untersucht am Beispiel der XY AG

      ▪ Erfassung der Zufriedenheit gewerblicher Kunden – untersucht am Beispiel der XY AG

      ▪ Chancen und Risiken der Rückgewinnung abgewanderter Kunden – untersucht am Beispiel der XY AG

- Interesse von Unternehmen, mit denen man (zukünftig) kooperieren möchte

  – Angebote für konkrete Themen auf Online-Portalen wie *https://www.die-bachelorarbeit.de/* oder *https://www.thesius.de/thema-finden*

- Brainstorming

  – Ungeordnetes Aufschreiben aller Ideen, die einem einfallen

  – Problem: Schwierig, später eine theoretische Basis zu einem Thema zu finden

- Hobbys

  - Mögliche Themen für Sportler

    - Sportsponsoring für Amateurvereine – untersucht am Beispiel der Post SG Mannheim e. V.

    - Akquisition von neuen Mitgliedern für Sportvereine – untersucht am Beispiel des Golfclubs Heidelberg

  - Mögliche Themen für Kulturinteressierte

    - Marktsegmentierung bei Museen – untersucht am Beispiel der Kunsthalle Mannheim

    - Ansprache junger Zielgruppen durch Theater – untersucht am Beispiel des National-theaters Mannheim

  - Problem: Euphorie des Kandidaten für das eigene Thema, aber unter Umständen weniger Enthusiasmus beim Betreuer

- Aktuelle Fachbücher/-fachzeitschriften

  - Themen in wissenschaftlichen Journals stellen extrem hohe wissenschaftliche Anforderungen an den Verfasser der Arbeit.

  - Themen in populärwissenschaftlichen Zeitschriften/Wirtschaftsmagazinen: Gefahr von Trendthemen (etwa Guerilla-Marketing), denen es häufig an theoretischem Tiefgang fehlt

- Erfahrungen als Praktikant, Werkstudent, Ferienjobber

  - Problem: Häufige Überschätzung der Relevanz eines Themas, da Erfahrungen auf niedriger Hierarchieebene gesammelt wurden

3 Titel

- Fundamentale Anforderungen

  - Theoriebasiert: Kann das Forschungsproblem unter Heranziehung theoretischer Erkenntnisse gelöst werden (State-of-the Art, Quellenlage)?

  - Qualitativ: Entspricht der Titel dem Anspruchsniveau einer wissenschaftlichen Arbeit?

  - Quantitativ: Kann das Thema vor dem Hintergrund des vorgegebenen Umfangs der Arbeit fundiert bearbeitet werden (Konfektionierung des Titels)?

  - Innovativ: Neuartigkeit/Aktualität der Fragestellung?

  - Eigenständigkeit der Problembearbeitung und -lösung (immer mit einem gewissen „Scheiterrisiko" verbunden)?

- Eingrenzung des Themas: häufig hierarchische Herangehensweise

  - Wahl eines Themas: Kundenmanagement (Phasen: Kundenakquisition, Kundenbindung, Kundenrückgewinnung)

  - Eingrenzung Kundenbindung (Beschwerdemanagement, Abwanderungsprävention, Aufbau von Wechselbarrieren, Kundenzufriedenheit)

  - Eingrenzung: Kundenzufriedenheit (bei privaten/gewerbliche Kunden, mit bestimmten Produkten/Abteilungen, mit bestimmten Prozessen wie Online-Angebot, Click-and-Collect)

  - Beispiele

    - ➢ Zufriedenheit gewerblicher Kunden mit dem Weinangebot eines C+C-Marktes

    - ➢ Zufriedenheit privater Kunden mit der Gartenabteilung eines Baumarktes

    - ➢ Zufriedenheit der Handwerkskunden mit dem Click-and-Collect-Angebot eines Baumarktes

- Weitere mögliche Kriterien zur Eingrenzung eines Themas

  - zeitlich (… im Zeitraum von 2000 bis 2010, … in der Corona-Krise)

  - geographisch (… in der EU, in Deutschland, in den Neuen Bundesländern)

  - nach Branchen, Betriebsformen, Betriebstypen (– untersucht am Beispiel des Investitionsgütersektors, von Dienstleistungsunternehmen, des Handels, von Großhändlern, des Einzelhandels, von Discountern, von Warenhäusern)

  - nach Vertriebswegen (… des Online-Handels, des Versandhandels, des stationären Handels)

  - nach Produkten/Abteilungen (– untersucht am Beispiel von Kosmetikartikeln/der Gartenabteilung)

  - nach Personengruppen (Die Zufriedenheit gewerblicher Kunden)

  - nach Theorieansätzen (mit Hilfe des Buying-Center-Konzepts) bzw. Erklärungskonzepten (anhand des *Kano*-Modells)

  - nach ausgewählten Aspekten (Die Auswirkungen von Kundenzufriedenheit auf den ökonomischen Erfolg von Banken)

- Tipps zur Formulierung des Titels der Bachelorarbeit bzw. Masterarbeit

  - Kein Absolutheitsanspruch

    - ➢ Formulierungen wie „das einzige/beste/neueste/innovativste/optimale Konzept, Instrument oder Ähnliches" ungeeignet

  - Keine vagen, sondern konkrete Formulierungen

    - ➢ Anstelle von „Erwerb nachhaltiger Produkte" besser „Motive für den Erwerb nachhaltiger Produkte – untersucht am Beispiel der Kunden von Discountern in Deutschland"

  - Untertitel können den Titel optisch verkürzen und die Aufgabenstellung konkretisieren.

    - ➢ Beispiel: „Freiwillige Garantieleistungen gegenüber Kunden – eine vergleichende Analyse am Beispiel von Fachmärkten in Deutschland und den USA"

  - Keine Vermutungen, Meinungen oder Tendenzaussagen

    - ➢ Negativbeispiele: „Die unzureichende Wirkung von Kundenbindungsmaßnahmen…", „Fehlende Kundenbindung …", „Der Mangel an Kundenorientierung…" usw.

    - ➢ Den Titel der Arbeit nicht von vorne herein in eine bestimmte Richtung festlegen.

  - Keine Vorwegnahme der Gliederung

    - ➢ Negativbeispiel: „Kundenzufriedenheit – Begriff, Konzept, Konsequenzen, Messung, Nutzen und Grenzen"

  - Keine Inhaltsangabe im Miniaturformat

    - ➢ Negativbeispiel: „Unzureichende Mitarbeitermotivation als zentraler Grund der Kundenabwanderung"

    - ➢ Aufschluss darüber, was behandelt wird und eventuell noch wie, aber nie Auskunft über erzielte Ergebnisse geben

4 Problemstellung

- Nachweis, dass ein Problem ("puzzle") existiert, das einer wissenschaftlichen Untersuchung bedarf. Warum ist das Thema relevant?

- Welches wissenschaftlich/praktisch relevante Problem ist der Ausgangspunkt der Arbeit, und warum handelt es sich dabei um ein Problem?

- Welche Relevanz hat das untersuchte Problem? Welchen Nutzen hat es, diesem Problem nachzugehen und es zu lösen?

- Wie lassen sich die einzelnen Aspekte des Problems systematisch darstellen?

- Wie originell ist die Problemstellung?

  - Innovationsgrad

  - Eigenständigkeit des Konzepts

  - Darstellung, Verdichtung oder Verknüpfung einzelner Aspekte

  - Kommentierung bereits vorliegender Erkenntnisse

  - etc.

- Die Eigenleistung der Erarbeitung (z. B. eigenständige Herangehensweise, eigene empirische Untersuchung) sollte bei der Beantwortung der Fragen herausgestellt werden.

- Beispiel:

  - *Die Erforschung von Kundenzufriedenheit fokussierte bislang zumeist auf private Kunden.*

  - *Vor diesem Hintergrund soll eine Forschungslücke geschlossen werden, indem auf Basis des Buying Center-Konzepts (eines Ansatzes, der das Einkaufsverhalten von Organisationen durchleuchtet) ein Ansatz zur Messung der <u>Zufriedenheit gewerblicher Kunden</u> (multipersonale Kundenzufriedenheit) entwickelt wird.*

  - *Darauf aufbauend sollen Einflussfaktoren auf und Konsequenzen von Zufriedenheit gewerblicher Kunden identifiziert werden.*

5 Zielsetzung/en, Forschungsfrage/n und Arbeitshypothese/n

5.1 Überblick

- Drei aufeinander aufbauende Module

  - Zielsetzung/en: Was sollen mit den Ausführungen erreicht werden?

  - Forschungsfrage/en: Welche zentrale/n Frage/n soll/en in der Arbeit beantwortet werden?

  - Arbeitshypothesen: Was soll belegt oder widerlegt werden?

- Ausgangspunkt: Ziele der Wissenschaft

  - Phänomene entdecken (**explorative Komponente**; etwa abnehmende Kundenzufriedenheit)

  - Sachverhalte so genau wie möglich beschreiben (**deskriptive Komponente**; etwa Kundenzufriedenheit im Längsschnitt über Zeiträume [Monate, Jahre] und/oder im Querschnitt zwischen Regionen, Filialen, Mitarbeitern, Produkten beschreiben)

  - Ursache-Wirkungs-Zusammenhänge zwischen Variablen aufdecken (**kausale Komponente**; etwa mögliche Ursachen für abnehmende Kundenzufriedenheit aufdecken: schlechte Qualität, hohe Preise, fachlich schlecht qualifiziertes Personal und/oder …)

  - Entwicklung von Gestaltungsempfehlungen (**normative Komponente**; etwa mögliche Gestaltungsempfehlungen zur Steigerung von Kundenzufriedenheit unterbreiten: Qualitätsverbesserung, Preissenkung, Schulung des Personals und/oder …)

  - Sachverhalte prognostizieren (**prognostische Komponente**; etwa zukünftige Entwicklung der Kundenzufriedenheit in einzelnen Branchen)

5.2 Zielsetzung/en

- Beispiele für Zielsetzungen

  - *Ziel der Arbeit ist es, Einflussfaktoren auf die Zufriedenheit von Bankkunden zu identifizieren.*
    (explorative Perspektive)

  - *Ziel der Arbeit ist es, einen Ansatz zur Messung der Zufriedenheit gewerblicher Kunden theoriebasiert zu entwickeln und empirisch zu überprüfen.*
    (deskriptive Perspektive)

  - *Ziel der Arbeit es zu identifizieren, wie sich Kundenzufriedenheit auf den ökonomischen Erfolg von Unternehmen auswirkt.*
    (explikative Perspektive)

  - *Ziel der Arbeit ist es zu identifizieren, mit welchen Instrumenten sich die Kundenbindung erhöhen lässt.*
    (normative Perspektive)

  - *Ziel der Arbeit ist es zu prognostizieren, wie sich der Kauf von nachhaltigen Lebensmitteln in Deutschland entwickeln wird.*
    (prognostische Perspektive)

5.3   Forschungsfrage/n

- Forschungsfrage = eine offene Frage, durch deren Beantwortung zur Schließung einer Forschungslücke (wesentlich) beigetragen wird

- Eigenschaften

  - Theoriebezug: Bezug auf eine oder mehrere wissenschaftliche Theorie/n, deren Begriffe sie nutzt

  - Lücke: Frage nach etwas, was durch diese Theorie(n) bislang noch nicht beantwortet wird

  - Lückenschluss: Ihre Beantwortung trägt zur Erweiterung des bisherigen Wissens (State-of-the-Art) bei.

  - Zusammenhang: Frage nach einem Zusammenhang zwischen Bedingungen, Verläufen oder Wirkungen von (ökonomischen) Prozessen

- Formulierung von W-Fragen kann hilfreich sein: Wer oder was? Wann und wo? Warum und wie?

- Beispiele:

  - *Welche Faktoren beeinflussen die Zufriedenheit von Bankkunden?*
    (**explorative Perspektive**)

  - *Wie lässt sich die Zufriedenheit gewerblicher Kunden messen?*
    (**deskriptive Perspektive**)

  - *Wie wirkt sich die Kundenzufriedenheit auf den ökonomischen Erfolg von Unternehmen aus?*
    (**explikative Perspektive**)

  - *Welche Instrumente bieten sich an, um die Kundenbindung zu erhöhen?*
    (**normative Perspektive**)

  - *Wie wird sich der Kauf von nachhaltigen Lebensmitteln in Deutschland entwickeln?*
    (**prognostische Perspektive**)

5.4   Arbeitshypothese/n

- (Arbeits-)Hypothese: Beschreibung eines Zusammenhangs zwischen mindestens zwei Faktoren/Variablen

    - Beispiel: *Je höher die Kundenzufriedenheit ist, desto höher ist der Customer-Lifetime-Value (= Wert eines Kunden für das Unternehmen mit Blick auf die gesamte Beziehungsdauer).*

- Eigenschaften: Eine Hypothese muss …

    - einen hinreichend großen Informationsgehalt besitzen.

    - logisch aufgebaut sein.

    - präzise und eindeutig sein (etwa keine Begriffe wie „selten", „manchmal", „häufig", da diese einer subjektiven Einschätzung unterliegen).

    - muss theoretisch fundiert sein.

    - empirisch prüfbar, d. h. messbar sein.

- Ausgangspunkt: Induktion versus Induktion

    - Induktion (lat.: inducere = herbeiführen, veranlassen, einführen)

        ➢ Schließt von einem speziellen Fall (= Empirie) auf allgemeine Voraussetzungen (= Theorie)

        ➢ Vorgehensweise auf explorativer Ebene tendenziell induktiv

    - Deduktion (lat.: deducere = herabführen)

        ➢ Gegenpol zur Induktion

        ➢ Schließt vom Allgemeinen (= Theorie) auf das Besondere (= Empirie)

        ➢ Gewinnung spezieller Einzelerkenntnisse aus allgemeinen Theorien

        ➢ Vorgehensweise auf explikativer Ebene (, auf der Hypothesen gebildet werden,) deduktiv

Der Gegensatz zwischen Deduktion und Induktion

- Deduktiver Ansatz: Erstellung eines Messmodells (auch Kausalmodell bzw. Theoretical Model) auf der explikativen Ebene, welches das vermutete und demnach empirisch zu überprüfende Beziehungsgefüge zwischen den Variablen abbildet

  – Beispiel: Empirische Überprüfung der Determinanten = Einflussgrößen sowie Konsequenzen = Auswirkungen der Kundenzufriedenheit

Ein Messmodell zu den Determinanten und Konsequenzen der Kundenzufriedenheit

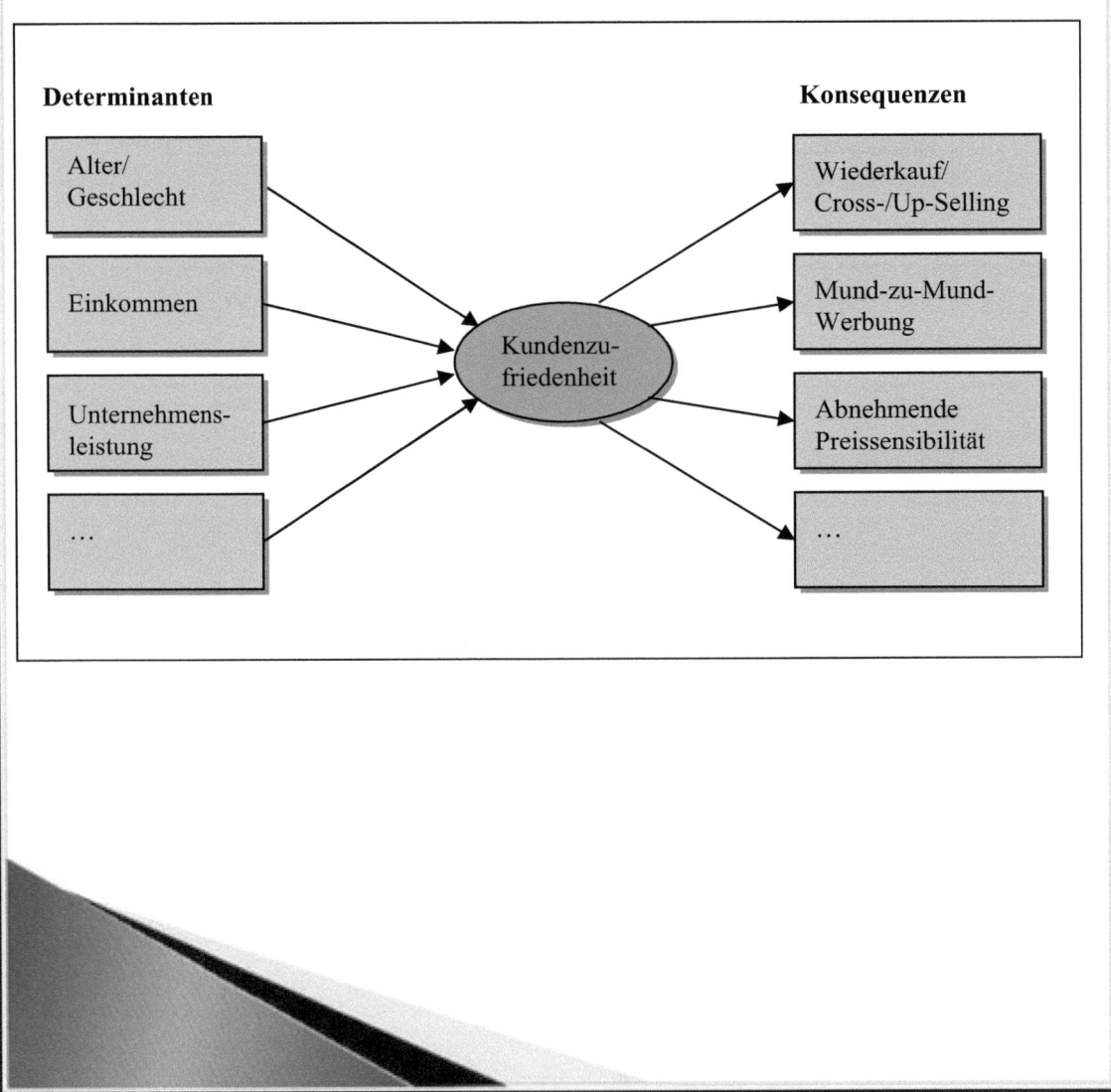

- Ableitung eines Messmodells aus der Theorie

- Ableitung verschiedener Hypothesen sprich Vermutungen aus diesem Mess- = Kausalmodell

  ➢ *„Je höher das Alter ist, desto größer ist die Kundenzufriedenheit ausgeprägt."*

  ➢ *„Je größer die Kundenzufriedenheit ausgeprägt ist, desto höher ist die Wahrscheinlichkeit des Wiederkaufs."*

- Vergleich der Hypothesen mit tatsächlich beobachteten Ereignissen (= Empirie)

  ➢ Übereinstimmung = Bewährung der jeweiligen Hypothese und der dieser zugrundeliegenden Theorie

- Verallgemeinerung bzw. Verfeinerung von Hypothesen → Steigerung des Informationsgehalts einer Hypothese, in dem die …

- Wenn-Komponente ausgeweitet und damit der Allgemeinheitsgrad erhöht werden.

  ➢ Basis: Wenn der Hahn kräht auf dem Mist, dann ändert sich das Wetter.

  ➢ Hypothese 1: Wenn der Hahn irgendwo kräht, dann ändert sich das Wetter.

  ➢ Hypothese 2: Wenn irgendein Vogel irgendwo kräht, dann ändert sich das Wetter.

- Dann-Komponente präzisiert und damit die Hypothese verfeinert wird.

  ➢ Basis: Wenn der Hahn kräht auf dem Mist, dann ändert sich das Wetter.

  ➢ Hypothese 1: Wenn der Hahn kräht auf dem Mist, dann bessert sich das Wetter.

  ➢ Hypothese 2: Wenn der Hahn kräht auf dem Mist, dann steigt die Temperatur um 5 Grad Celsius in der Stunde.

- Klassische Wissenschaftstheorie versus Kritischer Rationalismus

  – Klassische Wissenschaftstheorie

    ➢ Beweis bzw. „Verifizierung" von Hypothesen

    ➢ „Alle Schwäne sind weiß."

    ➢ Schwer möglich, da dazu von Einzelfällen auf eine allgemeine Regel geschlossen werden müsste, was logisch nicht zulässig ist.

    ➢ Wenn 100 aufgespürte Schwäne weiß sind, bedeutet das noch lange nicht, dass der 101. Schwan nicht schwarz sein kann.

  – Kritischer Rationalismus (*Karl Popper* 2005)

    ➢ Verwerfung der Verifikation von Hypothesen, da sicheres Wissen nicht möglich ist und demnach auch nicht das Ziel der Wissenschaft sein kann.

    ➢ Falsifikationismus, der darauf abzielt, Hypothesen zu widerlegen sprich zu falsifizieren

    ➢ Entscheidend für den Erkenntnisfortschritt: Suche nach Falsifikationen, also nach den Anwendungsfällen, an denen Hypothesen sowie Theorien scheitern, und damit letztlich nach Fehlern bzw. Schwächen

    ➢ Korrektur dieser Fehler durch entweder Widerlegung von Hypothesen bzw. Theorien oder durch denen Verallgemeinerung bzw. Verfeinerung führt zu einer Annäherung an die Wahrheit.

    ➢ Konkret: Je häufiger es nicht gelingt, eine Hypothese zu widerlegen, desto näher ist diese an der Wahrheit angesiedelt.

6 Forschungsstand („State-of-the-Art") und theoretische Basis

- „State-of-the-Art"

  - Welche wissenschaftlichen Erkenntnisse liegen zu dem Thema bereits vor?

  - Welche Aspekte des Themas sind bisher noch nicht ausreichend oder erfolgreich behandelt worden (Forschungslücke)?

  - Ist das Thema mit angemessenem Aufwand wissenschaftlich zu bearbeiten?

  - Gibt es in der Literatur widersprüchliche oder konkurrierende Aussagen bzw. Interpretationen?

  - Was sind dort die wichtigsten Positionen? Diese Auflistung muss möglichst erschöpfend ausfallen. Hierbei dürfen keine Interpretationen bewusst weggelassen werden.

  - Welcher Position wird sich angeschlossen bzw. welche eigene Position wird entwickelt (Synthese)?

**Überblick „State-of-the-Art" in Tabellenform –
dargestellt am Beispiel „Zusammenhang zwischen Mitarbeiter- und Kundenzufriedenheit:
Ergebnisse empirischer Studien" (*Auszug*)**

Autor	Branche	Ergebnis
Banker/Konstans/ Mashruwala (2000)	Handel	• Zusammenhang zwischen Mitarbeiterzufriedenheit und Kundenzufriedenheit
Bernhardt/Donthu/ Kennett (2000)	‚Fast food'- Restaurant	• Positiver Zusammenhang zwischen Kundenzufriedenheit und Mitarbeiterzu-friedenheit ($r = 0{,}53$; $p < 0{,}05$)
Bettencourt/Brown (1997)	Bank	• Kein Zusammenhang zwischen Mitarbeiterzufriedenheit und Kundenzufrie-denheit
Dormann/Kaiser (2002)	Kindergarten	• Zusammenhang zwischen Arbeitsbedingungen und Kundenzufriedenheit
Dormann/Speth-mann/Weser/Zapf (2003)	Arztpraxis	• Positiver Zusammenhang zwischen – Mitarbeiterzufriedenheit und Kundenorientierung des Unternehmens ($r = 0{,}50$; $p < 0{,}01$) – Mitarbeiterzufriedenheit und persönlicher Kundenorientierung ($r = 0{,}21$; $p < 0{,}01$)
Grund (1998)	Bank	• Positiver Zusammenhang zwischen Mitarbeiterzufriedenheit und wahrge-nommener Kundenzufriedenheit ($r = 0{,}46$; $p < 0{,}001$)
Hackett/Bycio/ Hausdorf (1994)	Transport	• Kein Zusammenhang zwischen ‚Commitment' und Kundenbeschwerden
Hallowell/Schle-singer/Zornitsky (1996)	Versicherung	• Positiver Zusammenhang zwischen Mitarbeiterzufriedenheit und Kundenorien-tierung ($R^2 = 0{,}27$, $r = 0{,}52$) • Interne Servicequalität beeinflusst Servicefähigkeit und Mitarbeiterzufriedenheit
Harter/Hayes/ Schmidt (2002)	Verschiede-ne Branchen	• Positiver Zusammenhang zwischen Kundenzufriedenheit und Mitarbeiterzu-friedenheit ($r = 0{,}28$, Konfidenzintervall = 90%)
Hartline/Ferrel (1996)	Hotelkette	• Mitarbeiterzufriedenheit beeinflusst die Servicequalität
Herrington/Lomax (1999)	Bank	• Kein Einfluss der Mitarbeiterzufriedenheit auf die Servicequalität • Mitarbeiterzufriedenheit beeinflusst die Wiederkaufabsicht
Hoffman/Ingram (1992; 1991)	Pflegedienst	• Zusammenhang zwischen Mitarbeiterzufriedenheit und Kundenorientierung
Hoffmann/Koop (2004)	Dienstleis-tung	• Positiver Zusammenhang zwischen Mitarbeiterzufriedenheit in t_1 und Kun-denzufriedenheit in t_2 (Pfadkoeffizient = 0,41; 0,31; NFI= 0,99, CFI= 0,99, RMSEA= 0,08)

Quelle: Zusammenstellung auf Basis von *Koop* (2004, S. 73 ff.); *Winter* (2005, S. 63 f.).

- Theoriebezug

  - Auf welche Theorien, Modelle oder Erklärungsansätze soll Bezug genommen werden?

  - Steht eine Theorie/ein Modell/ein Erklärungsansatz im Mittelpunkt und dienen andere nur der Ergänzung?

  - Warum werden die gewählten Theorien/Modelle/Erklärungsansätze benutzt? Weshalb erscheint die Anwendung sinnvoll und worin liegt die Erklärungskraft?

  - Dazu ist es unerlässlich, dass die Theorien/Modelle/Erklärungsansätze (wenigstens in Grundzügen) bekannt sind, da sich sonst deren Relevanz nicht beurteilen und herleiten lässt. Es können nicht einfach wahllos theoretische Konstrukte ausgewählt werden.

7 Untersuchungsansatz bzw. –methode

- Welche Methoden bieten sich an, Problemstellung, Zielsetzung, Forschungsfragen und Hypothesen angemessen zu bearbeiten (vgl. im Folgenden *Schneider* 2019)?

  – Theorie (reines Quellenstudium) versus Empirie (Sammlung und Auswertung von Daten aus der Praxis/realen Welt)

  – Sekundär- (Desk Research: Auswertung bereits vorliegender Daten) versus Primärforschung (Field Research: Erhebung von Daten und deren Analyse)

  – Befragung (etwa Kundenbefragung), Beobachtung (etwa Kundenlaufstudie, Nutzungsverhalten im Internet), Experiment (etwa Analyse der Erfolgs alternativer Verpackungen [product], Preise [price], Platzierungen im Regal [place], Werbespots [promotion])

  – Qualitative (etwa Inhaltsanalyse von explorativen Interviews mit Experten zum Aufspüren von Zusammenhängen) versus quantitative (etwa empirische Analyse von Zusammenhängen durch Überprüfung von Hypothesen) Analyse

- Warum ist die ausgewählte Methode geeignet, das Thema zu bearbeiten?

- Voraussetzung: methodisches Wissen

  – Qualitative Analyse

    ➢ Inhaltsanalyse (vgl. *Kuckartz* 2016; *Mayring* 2015)

    ➢ Maxqdata (Software zur computergestützten qualitativen Daten- und Textanalyse; vgl. *https://www.maxqda.de/*)

  – Quantitative Analyse

    ➢ Uni-, bi- und multivariate Analyseverfahren (vgl. *Backhaus/Erichson/Plinke* 2006)

    ➢ Statistik-Software (z. B. SPSS; vgl. *https://www.ibm.com/de-de/analytics/spss-statistics-software* oder STATA; vgl. *http://www.stata.com*)

8 (Grob-)Gliederung

- Welche Aspekte der Arbeit sollen in welcher Reihenfolge behandelt werden?

- Warum erscheint diese Reihenfolge sinnvoll (z. B. Theorie, Empirie, Gestaltungsempfehlungen)?

- Zum Zeitpunkt der Erstellung eines Exposés kann noch keine endgültige Gliederung erwartet werden. Es soll nur deutlich werden, dass der Studierende das Thema systematisch durchleuchtet und die wichtigsten Aspekte bereits identifiziert hat.

- Die einzelnen Gliederungspunkte sollten präzise, leicht nachvollziehbar und mit konkretem Bezug zum Thema bzw. der Fragestellung formuliert werden. Dementsprechend machen Überschriften wie Einleitung, theoretische Grundlagen etc. wenig Sinn.

- Eine (vorläufige) Gliederung steckt das Thema ab und bildet die Basis für Konsultationen des Betreuers.

- Aufbau

1. Einleitendes Kapitel (ggfs. mit inhaltlicher Überschrift)

   1.1 Problemstellung

   1.2 Zielsetzung

   1.3 Gang der Untersuchung

   1.4 Abgrenzung des Themas

2. Theorie (inhaltliche Überschrift; Kapitel endet mit Modell und entsprechenden Hypothesen; z. B. „Die Integration der Befunde in ein empirisch überprüfbares Modell der Kundenzufriedenheit gewerblicher Kunden")

3. Empirische Untersuchung (inhaltliche Überschrift; z. B. „Eine empirische Analyse der Zufriedenheit gewerblicher Kunden von Baumärkten")

   3.1 Untersuchungskonzeption/-steckbrief

      3.1.1 Ziele und Hypothesen der Untersuchung

      3.1.2 Gestaltung des Erhebungsinstrumentariums

      3.1.3 Auswahl der Probanden und strukturelle Zusammensetzung der Stichprobe

   3.2 Befunde (z. B. „Die Kundenzufriedenheit im Spiegel empirischer Befunde")

4. Implikationen der Befunde für … (z. B. „die Optimierung der Zufriedenheit gewerblicher Kunden")

5. Fazit

   5.1 Zusammenfassung

   5.2 Kritische Würdigung der eingeschlagenen Vorgehensweise/Reflexion

   5.3 Ausblick

9 Quellenbasis

- Welche Quellen sollen herangezogen werden und warum?

- Welche Quellen oder Daten stehen zur Verfügung?

- Welche Informationen müssen noch ermittelt werden, um wenigstens den Mindestanforderungen an das Thema zu genügen?

- Ein vorläufiger Überblick über die (schon recherchierte) Kernliteratur zur Thematik soll vermittelt werden, auf der die Arbeit bzw. Argumentation aufbauen soll.

- Es reicht aus, die für das ausgewählte Forschungsproblem zentralen Quellen anzugeben. Es muss im Exposé noch keine vollständige Quellenliste vorgestellt werden.

- Im Quellenverzeichnis sind ausschließlich diejenigen Quellen aufzuführen, auf welche im Text und in den zugehörigen Fußnoten Bezug genommen wird.

- Die weiteren Ausführungen dieses Kapitels basieren auf folgenden Quellen:

  - *https://www.wiwi-treff.de/WiWi-Literaturrecherche/Die-professionelle-WiWi-Literaturrecherche-Teil-1-Datenbank-finden/Artikel-7630*

  - *https://www.wiwi-treff.de/WiWi-Literaturrecherche/Die-professionelle-WiWi-Literaturrecherche-Teil-2-Effizient-recherchieren/Artikel-7710*

  - *https://www.wiwi-treff.de/WiWi-Literaturrecherche/Die-professionelle-WiWi-Literaturrecherche-Teil-3-Qualitaetsbewertung-von-Literatur/Artikel-7764*

  - *https://www.wiwi-treff.de/WiWi-Literaturrecherche/Die-professionelle-WiWi-Literaturrecherche-Teil-4-Zitieren/Artikel-7832*

  - *https://www.wiwi-treff.de/WiWi-Literaturrecherche/Die-professionelle-WiWi-Literaturrecherche-Teil-5-Statistiken-finden/Artikel-7921*

  - *Pianos, T./Krüger, N.:* Erfolgreich recherchieren – Wirtschaftswissenschaften, Berlin 2014.

- Arten von Quellen

  - Monographien und sonstige selbstständige Veröffentlichungen

    ➢ Beispiel: *Schneider, W./Hennig, A.*: Kennzahlen Marketing und Vertrieb, 2. Aufl., Heidelberg 2008.

  - Beiträge in Sammelwerken

    ➢ Beispiel: *Dichtl, E./Schneider, W.*: Kundenzufriedenheit im Zeitalter des Beziehungsmanagement, in: *Belz, Ch./Schögel, M./Kramer, M.* (Hrsg.): Lean Management und Lean Marketing, St. Gallen 1994, S. 6 – 12.

  - Beiträge in wissenschaftlichen Zeitschriften und Zeitungen

    ➢ Ein Aufsatz in einer wissenschaftlichen Zeitschrift (Journal) vermittelt neueste Forschungsergebnisse. Gerade bekannte Zeitschriften sind bei der Auswahl der Artikel, die sie veröffentlichen, sehr kritisch. Somit garantieren die in bekannten Zeitschriften veröffentlichten Artikel eine hohe Qualität.

      ▪ Beispiel: *Schneider, W./Müller, St./Mai, T.*: Kommunikationswirkung von Sozio-Sponsoring – Erfolgskontrolle mit Hilfe eines experimentellen Designs, in: Marktforschung & Management, 35. Jg. (1991), Nr. 3, S. 129 – 134.

    ➢ Mithilfe eines Zeitungsartikels können aktuelle Informationen eingebaut werden. Zeitungsartikel sollten jedoch schwerpunktmäßig für die Begründung der Themenwahl und damit in der Problemstellung benutzt werden. Mögliche Zeitungen: *Frankfurter Allgemeine Zeitung, Süddeutsche, Welt, Zeit, Financial Times Deutschland, Wallstreet Journal, Handelsblatt*

      ▪ Beispiel: *Schneider, W./Kornmeier, M.*: Maxime Kundenzufriedenheit – ein Königs- oder Irrweg?, in: Frankfurter Allgemeine Zeitung, Nr. 36 vom 12.02.2007, S. 18.

  - Forschungsberichte und Diskussionspapiere

    ➢ Abschlussarbeiten anderer Studierender sind als Quellen ungeeignet, da weder die Beurteilungskriterien noch die Notengebung transparent sind.

– Internet-Quellen

➢ DBIS, das Datenbank-Infosystem, ist ein Verzeichnis wissenschaftlicher Datenbanken aller Fachgebiete. Bei kostenpflichtigen Datenbanken lässt sich hier erkennen, in welcher Bibliothek eine Datenbank frei zugänglich ist. Wählt man das Fach „Wirtschaftswissenschaften", zeigen sich die Top-Datenbanken einer Bibliothek für dieses Fach. In der erweiterten Suche von DBIS kann gezielt nach Datenbank-Typen (Aufsatzdatenbanken, Faktendatenbanken, Firmendatenbanken, usw.) gesucht werden.

➢ Bibliographische Datenbanken (Referenzdatenbanken) enthalten Inhaltskennzeichnungen wie Titel, Autor oder Verlag, eventuell einen Abstract von wissenschaftlichen Publikationen. Hierzu zählen Kataloge von Bibliotheken. Dort sind ausschließlich Bücher und Zeitschriften aufgeführt, aber i. d. R. keine einzelnen Aufsätze.

➢ Volltextdatenbanken enthalten vollständige und verschlagwortete Publikationen. Eine Aufsatzdatenbank etwa bietet Aufsätze aus Zeitschriften und zeitschriftenartigen Reihen (mit Festschriften, Tagungs- und Kongressberichten) sowie Buchkapitel.

➢ Faktendatenbanken (statistische Datenbanken) enthalten gemessene oder beobachtete Daten, also Primärdaten (etwa Marktanteile von Unternehmen, Motive von Kunden beim Erwerb nachhaltiger Lebensmittel, Big-Mac-Index).

➢ Da jedermann Informationen ins Internet stellen kann, gestaltet es sich schwierig, die Qualität von Beiträgen einzuschätzen.

➢ Wikipedia als Quelle in der Bachelorarbeit bzw. Masterarbeit zu benutzen, ist bei vielen Hochschulen ein „No-go". Die dort angegebenen Referenzen führen jedoch häufig zu den Originalquellen.

– Beiträge aus der Rechtsprechung

– Sonstige Quellen und Informationsmaterial (etwa Firmeninformationen, Veröffentlichungen Statistisches Bundesamt)

- Volltextdatenbanken

    – Hier finden sich überwiegend Aufsätze aus Fachzeitschriften. Da diese den aktuellen Stand der Forschung widerspiegeln und häufig speziellere Themen behandeln als Bücher, sind Volltatenbanken der beste Einstieg in die thematische Recherche.

    – Die wichtigsten Datenbanken für die Wirtschaftswissenschaften sind:

        ➢ EBSCO Business Source und ProQuest ABI/INFORM sind die größten international verfügbaren wirtschaftswissenschaftlichen Datenbanken für die Aufsatzsuche. Sie sind in vielen Bibliotheken durch den Einkauf von Lizenzen frei zugänglich.

        ➢ EconBiz und WISO werden in Deutschland betrieben und beinhalten darum vergleichsweise viel deutschsprachige Literatur. EconBiz ist frei im Internet zugänglich und fokussiert auf wissenschaftliche Literatur aus aller Welt. WISO ist via Lizenz in Bibliotheken zugänglich und eignet sich am besten zur Recherche nach praxisnaher Literatur mit Bezug zum deutschsprachigen Raum.

        ➢ EconPapers von RePEc (Research Papers in Economics) und SSRN (Social Sciences Research Network) verzeichnen Working Papers von Institutionen und bieten damit sehr aktuelle und kostenlos im Internet verfügbare Volltexte.

- Faktendatenbanken (Statistische Datenbanken) für die Wirtschaftswissenschaften

  - Umfragen und Studien

    - ➤ statista: Statistiken, Studien und Ergebnisse von Umfragen zahlreicher Einrichtungen (Vollversion lizenzpflichtig; in vielen Bibliotheken kostenfrei zugänglich)

  - Volkswirtschaftliche Daten (grundsätzlich kostenfrei)

    - ➤ Destatis: Website des Statistischen Bundesamtes Deutschland mit Tabellen und Publikationen

    - ➤ GENESIS: Datenbank des Statistischen Bundesamts und der Statistischen Landesämter

    - ➤ EuroStat: Statistische Datenbank und Veröffentlichungen des Statistischen Amtes der EU mit Zahlen zu allen EU-Ländern

    - ➤ OECD iLibrary: Äquivalent für die Mitgliedstaaten der OECD (lizenzpflichtig; in vielen Bibliotheken kostenfrei zugänglich)

    - ➤ World Databank: Datenbank der Weltbank zu Ländern weltweit

    - ➤ UNdata: Daten zu Ländern weltweit von den UN-Organisationen Food and Agriculture Organization (FAO); International Monetary Fund (IMF), World Health Organization (WHO), International Labour Organization (ILO). Diese Institutionen unterhalten jeweils auch eigene Datenbanken.

  - Firmendaten (alle lizenzpflichtig; in vielen Bibliotheken kostenfrei zugänglich)

    - ➤ Bisnode/Hoppenstedt: Firmendatenbank für Deutschland. Es ist eine Suche nach Unternehmen einzelner Branchen, Bundesländern, Firmennamen, Umsatz- und Beschäftigungsgrößenklassen möglich.

    - ➤ Nexis: Informationen zu Unternehmen weltweit

    - ➤ Datenbanken des Bureau van Dijk mit detaillierten Jahresabschlussinformationen (z. B. DAFNE, Amadeus, Osiris)

- Kriterien zur Beurteilung der Qualität einer Quelle

  - Zitationshäufigkeit

    ➢ Wenn eine Quelle häufig von anderen Wissenschaftlern zitiert wurde, handelt es sich (mit hoher Wahrscheinlichkeit) um eine vertrauenswürdige Quelle.

    ➢ Der Social Sciences Citation Index (SSCI) des Web of Science ist in vielen Bibliotheken frei zugänglich. Hier lässt sich entnehmen, wie häufig eine Publikation durch andere zitiert wurde. Außerdem können Trefferlisten nach Times Cited sortiert werden und so die am häufigsten zitierten Publikationen herausgefunden werden. Im SSCI werden nur Aufsätze aus den wichtigsten Zeitschriften ausgewertet (und keine Bücher).

    ➢ Über die wissenschaftliche Suchmaschine Google Scholar kann festgestellt werden, wie häufig Quellen in anderen Studien zitiert wurden.

  - Renommee des Verfassers in der Fach-Community

    ➢ Was hat dieser bereits publiziert? Gibt es eine Autoren-Website, der zu entnehmen ist, wie viel, in welchen Zeitschriften, bei welchen Verlagen die Person bereits veröffentlicht hat?

    ➢ Welchen Beruf übt er aus bzw. welche Position nimmt er in einer Institution ein? Ist er an einer wissenschaftlichen Einrichtung beschäftigt ist und trägt er einen akademischen Grad?

    ➢ Ist er bezüglich des Themas in der Fachwelt sehr aktiv (Vorträge auf Kongressen)? Ist der Autor auf diesem Gebiet fachlich ausgebildet?

    ➢ Publikationen, deren Urheberschaft nicht erkennbar ist (Wikipedia), sollten nicht für wissenschaftliche Arbeiten verwendet werden.

    ➢ Der Verfasser einer Primärquelle hat z. B. die Studie wirklich durchgeführt und die Auswertung wissenschaftlich dokumentiert. In einer Sekundärquelle berichtet jemand lediglich über die Auswertung der Studie.

  - Name einer Institution in der Quelle

    ➢ Wird eine Institution (etwa einer Hochschule, ein Forschungsinstitut) in der Quelle genannt, bedeutet dies, dass diese auch mit ihrem Namen für die Qualität der Publikation bürgt.

- Renommee des Verlags

  - ➢ Ausgewählte wirtschaftswissenschaftliche Verlage: Verlag C. H. Beck, Campus Verlag, Walter de Gruyter, Deutscher Wissenschafts-Verlag (DWV), Gustav Fischer Verlag, Gabler Verlag, Haupt Verlag, Pearson, Peter-Lang-Verlagsgruppe, Linde Verlag, Luchterhand Fachverlag, Metropolis, Mohr Siebeck Verlag, Nomos Verlag, NWB Verlag, R. Oldenbourg Verlag, Rowohlt Verlag, Erich Schmidt Verlag, Spaeth & Linde, Springer Verlag, UTB, Vandenhoeck & Ruprecht, Verlag Franz Vahlen

- Qualität der Zeitschrift

  - ➢ Gehört eine Zeitschrift, in der ein Aufsatz erschienen ist, zu den wichtigsten eines Faches, ist sie in Rankings aufgeführt. Die wichtigsten Zeitschriftenrankings für die Wirtschaftswissenschaften sind:

    - Journal Citation Reports (JCR) im Web of Science, international (lizenzpflichtig; in vielen Bibliotheken vorhanden): Mit dem JCR lässt sich u. a. beantworten, wie oft eine bestimmte Zeitschrift zitiert wurde. Der Journal Impact Factor gibt an, welche durchschnittliche Zitierungsrate die Artikel einer Zeitschrift in einem bestimmten Jahr erzielt haben. Der Journal Impact Factor bezieht sich auf die gesamte Zeitschrift. Er ist nicht repräsentativ für einzelne Artikel oder deren Autoren. Demnach handelt es sich um einen Indikator für die „relative Bedeutung" einer Zeitschrift innerhalb eines Fachgebietes.

    - Eigenfactor, international: kostenfreie Website zur Bestimmung des wissenschaftlichen Einflusses wissenschaftlicher Zeitschriften mit Hilfe der gegenseitigen Zitationen von Artikeln.

    - JOURQUAL (BWL), Deutschland: Zeitschriftenranking des Verbands der Hochschullehrer für Betriebswirtschaft e. V. (VHB), der Dachorganisation deutscher Universitätsprofessoren im Bereich Betriebswirtschaftslehre. Das Ranking basiert auf der Bewertung betriebswirtschaftlich relevanter Fachzeitschriften durch die Mitglieder des VHB.

  - ➢ Wenn eine Zeitschrift nicht in Rankings auftaucht (es könnte sich um ein Spezialgebiet handeln), sollte geprüft werden, ob die Aufsätze der Zeitschrift in einem peer review-Prozess begutachtet werden. Im peer review-Prozess begutachten unabhängige Forscher/innen eingereichte Artikel und prüfen diese nach fachlichen Kriterien. Die Information über das Begutachtungsverfahren findet sich meist auf der Website der Zeitschrift.

– Aktualität der Quelle

➢ Handelt es sich um ein Thema mit hoher Dynamik (etwa Digitalisierung), ist ein Artikel, der bereits vor mehreren Jahren veröffentlicht wurde, weniger geeignet.

➢ Grundsätzlich sollte eine wissenschaftliche Arbeit den „State-of-the-Art", d. h. den derzeitigen Stand der Forschung wiedergeben. Daher ist aktuelle Literatur in diesem Kontext vorzuziehen.

➢ Literatur veraltet bei bestimmten Themen vergleichsweise schnell, beispielsweise bei Quellen, die sich mit juristischen Themen beschäftigen.

– Auftraggeber

➢ Studien werden häufig im Auftrag von Unternehmen durchgeführt.

➢ Da solche Studien von Unternehmen finanziert werden, kann es durchaus sein, dass die für den Auftraggeber positiven Aspekte hervorgehoben werden, wohingegen negative Aspekte in den Hintergrund gedrängt werden.

– Stil, in der die Quelle verfasst wurde

➢ Eine wissenschaftliche Quelle soll sachlich und objektiv sein.

➢ Arbeiten, welche die subjektive Meinung des Autors widerspiegeln, sind tendenziell ungeeignet.

➢ Auch Praktikerliteratur, die zumeist auf der normativen Ebene angesiedelt ist und größtenteils aus Gestaltungsempfehlungen besteht (etwa „Kundenmanagement für Anfänger", „In 10 Schritten zum Marktführer", „Die 33 ultimativen Tipps für den Außendienst"), ist als Quelle für eine wissenschaftliche Arbeit weniger geeignet.

- Als fundierte wissenschaftliche Quellen gelten grundsätzlich:

  - wissenschaftliche Fach- oder Lehrbücher

  - wissenschaftliche Veröffentlichungen in Zeitschriften, Aufsatzsammlungen oder Konferenzbänden

  - Forschungsberichte, Geschäftsberichte

  - valide (gültige) Internetquellen

  - eigene Erhebungen, Versuchsergebnisse, E-Mails, Experteninterviews

- Als nicht zitierfähig gelten:

  - Populärliteratur (wie Romane)

  - Boulevardzeitungen und –zeitschriften

  - Vorlesungsskripte

  - allgemeine Lexika

  - private Webpräsenzen

  - Wikipedia

  - Bachelor-, Master-, Diplom-, Seminar-, Projekt- und Hausarbeiten

Art der Quelle, Zitation im Textteil und Eintrag ins Quellenverzeichnis

Art der Quelle	Zitation im Textteil	Eintrag im Quellenverzeichnis
Monographie Ein Autor	Direktes Zitat Schneider (2015), S. 15. Indirektes Zitat Vgl. Schneider (2015), S. 15.	Schneider, Willy (2015): McMarketing – Einblicke in die Marketing-Strategie von McDonald's, 2. Aufl., Wiesbaden.
Monographie Zwei Autoren	Direktes Zitat Schneider/Kornmeier (2006), S. 27. Indirektes Zitat Vgl. Schneider/Kornmeier (2006), S. 27.	Schneider, Willy/Kornmeier, Martin (2006): Kundenzufriedenheit – Konzept, Messung, Management, Bern.
Monographie Mehr als zwei Autoren	Direktes Zitat Schneider/Kornmeier/ Hugendubel (2006), S. 18. oder Schneider u. a./et al. (2006), S. 18. Indirektes Zitat Vgl. Schneider/Kornmeier/ Hugendubel (2006), S. 18. oder Vgl. Schneider u. a./et al. (2006), S. 18.	Schneider, Willy/Kornmeier, Martin/ Hugendubel, Alfons (2006): Kundenzufriedenheit – Konzept, Messung, Management, Bern.

Art der Quelle	Zitation im Textteil	Eintrag im Quellenverzeichnis
Beitrag in Zeitung	Direktes Zitat Schneider/Kornmeier (2007), S. 18.	Schneider, Willy/Kornmeier, Martin (2007): Maxime Kundenzufriedenheit – ein Königs- oder Irrweg?, in: Frankfurter Allgemeine Zeitung, Nr. 36 vom 12.02.2007, S. 18.
	Indirektes Zitat Vgl. Schneider/Kornmeier (2007), S. 18.	
Beitrag in Zeitschrift	Direktes Zitat Schneider/Müller/Mai (1991), S. 131. oder Schneider u. a./ et al. (1991), S. 131.	Schneider, Willy/Müller, Stefan/Mai, Tobias (1991): Kommunikationswirkung von Sozio-Sponsoring – Erfolgskontrolle mit Hilfe eines experimentellen Designs, in: Marktforschung & Management, 35. Jg., Nr. 3, S. 129 – 134.
	Indirektes Zitat Vgl. Schneider/Müller/Mai (1991), S. 131. oder Vgl. Schneider u. a./et al. (1991), S. 131.	
Beitrag im Internet	Direktes Zitat Tanriverdi (2015), S. 8.	Tanriverdi, Hakan (2015): Kosmos-Kolumne. Hakan Tanriverdi über das verlogene Ideal der Meinungsfreiheit im Netz, online unter: https://www.wired.de/collection/life/shitstorms-weiss-hakan-tanriverdi-uber-das-verlogene-ideal-der-meinungsfreiheit-im, letzter Zugriff: 27.05.2015.
	Indirektes Zitat Vgl. Tanriverdi (2015), S. 8.	
Beitrag in Sammelband	Direktes Zitat Dichtl/Schneider (1994), S. 8.	Dichtl, Erwin/Schneider, Willy (1994): Kundenzufriedenheit im Zeitalter des Beziehungs-management, in: Belz, Christian/Schögel, Marcus/Kramer, Markus (Hrsg.): Lean Management und Lean Marketing, St. Gallen, S. 6 – 12.
	Indirektes Zitat Vgl. Dichtl/Schneider (1994), S. 8.	

10   Zeitplan

- Wochenplan

- Wann wird die Arbeit offiziell angemeldet?

- Wie viel Zeit wird für die einzelnen zentralen Arbeitsschritte (zumeist überlappend) einge-
plant?

  – Recherche

  – Datenerhebung/-analyse

  – Verfassen des Rohtexts

  – Überarbeitung

  – Endkorrektur

- Bis wann soll/muss die Arbeit abgeschlossen sein bzw. abgegeben werden?

11 Kondensat: Häufigste Fehler bei der Erstellung eines Exposés

- Titel und Aufbau der Arbeit

  - Titel nicht konfektioniert. Studierender übernimmt sich.

  - Titel zu journalistisch formuliert (etwa „Discounter – die soziodemographische Zeitbombe tickt bereits.", „Warenhäuser am Abgrund")

  - 5 Punkte-Schema wird vernachlässigt (Ideal: Einleitung, Theorie, Empirie, Gestaltungsempfehlungen, Schlussteil).

  - Gliederung ist ungleichgewichtig aufgebaut (Einmal nur bis auf zweite, dann wieder bis auf dritte, vierte oder fünfte Ebene untergliedert).

  - Gliederungspunkte sind zu journalistisch formuliert (etwa „Stationärer Handel vor dem Abgrund/Aus").

  - Unterpunkte passen nicht zu Überschriften (2 Theoretische Grundlagen, 2.1 Das Unternehmen XY) und umgekehrt.

  - Gliederungsebenen „verschwimmen" (2 Der Markt für Finanzdienstleistungen; 2.1 Anbieter; 2.2 Private Nachfrager; 2.3 Nachfragende Unternehmen; 2.4 Öffentliche Nachfrager).

  - „Beschreibung", „Darstellung" etc. Metasprache, auf die möglichst verzichtet werden sollte

  - Nur ein Unterpunkt. Ein Überpunkt muss mindestens zwei Unterpunkte haben!

  - Eindeutige Zielsetzung/Forschungsfrage(n)/(Arbeits-)Hypothesen fehlt/en.

  - Unzureichende theoretische Fundierung

- Quellenbasis

  - Zu wenig Literatur/Quellen

  - Quellen veraltet, da offensichtliches „Schneeballverfahren", d. h. Übernahme von Quellen aus anderen Quellen.

  - Zu viele Sekundärquellen („Schneider …, zitiert nach Fischer …")

  - Unausgewogenheit der Quellen (Print versus online; wissenschaftliche Quellen versus Managementquellen; Fachzeitschriften versus Bücher; deutschsprachige versus englischsprachige Quellen)

  - Zu viele Standardlehrbücher („*Wöhe*"; „Einführung in die …")

  - Zu viele Lexika (*Gabler´s* Wirtschaftslexikon, *Vahlen´s* Marketinglexikon)

  - Zu „internetlastig"

  - Zitation *Wikipedia* (Für einige Korrektoren „No-go" bzw. Argument für schlechte Note)

  - Vorlesungsskripte werden zitiert. Das geht überhaupt nicht.

  - Zu normativ, d. h. zu viel Praktikerliteratur („Die 10 Grundsätze für erfolgreiches Marketing", „Leitfaden für effizientes Benchmarking" eher ungeeignet und allenfalls in Ausnahmefällen zitieren!)

  - Jegliche englischsprachige Literatur fehlt.

  - Formale Inkonsistenzen/fehlende Angaben (Bereits bei Literaturrecherche auf Dokumentation der nötigen Informationen achten!)

12 Tipps zum Umgang mit dem Betreuer

(1) Der erste Eindruck, den der Studierende vermittelt, ist fundamental wichtig (Primacy-Effekt). Dies unterstreicht die zentrale Bedeutung des Exposés für den Erfolg der wissenschaftlichen Arbeit.

(2) Der Betreuer steckt zu Gesprächsterminen unvorbereitete Studierende direkt „in die passende Schublade".

(3) Eine Frage, die jeden Betreuer „auf die Palme bringt": „Können Sie mir vielleicht noch den ein oder anderen Literaturhinweis geben?"

(4) Viele Betreuer ärgern sich, wenn jeder kleine Schritt mit ihnen abgestimmt wird. Letztlich handelt es sich um eine eigenständige Leistung des Studierenden.

(5) Zahlreiche Betreuer sind extrinsisch (Honorar, Betreuung mit überschaubarem Aufwand) und wenig intrinsisch (häufig nur begrenztes Interesse am Thema, es sei denn, das eigene Forschungsfeld wird berührt) motiviert.

(6) Je näher das Thema der wissenschaftlichen Arbeit am Fachgebiet des Betreuers angesiedelt ist, desto intensiver wird „gecoacht", desto tiefer sind die Eingriffe des Betreuers, desto intensiver wird die Arbeit begutachtet und desto härter kann die Benotung ausfallen.

(7) Betreuer sind häufig eitel und brauchen „ihre Bühne".

(8) „No-go": Themenrelevante Publikationen des Gutachters fehlen im Literaturverzeichnis.

(9) Es ist immer schwierig, „Diener zweier Herren" (wissenschaftlicher Betreuer und Praxisvertreter) zu sein.

(10) Letztlich ist der Betreuer die alles entscheidende Instanz!

13 Stichwortverzeichnis

14 Quellenverzeichnis

Atteslander, P./Cromm, J. (2010): Methoden der empirischen Sozialforschung, Berlin.

Backhaus, K./Erichson, B./Plinke, W./Weiber, R. (2016): Multivariate Analysemethoden – eine anwendungsorientierte Einführung, 14. Aufl., Wiesbaden.

Balzert, H./Schröder, M./Schäfer, C. (2011): Wissenschaftliches Arbeiten, 2. Aufl., Dortmund.

Bänsch, A./Alewell, D. (2009): Wissenschaftliches Arbeiten, 10. Aufl., München.

Baur, N./Blasius, J. (Hrsg.) (2014): Handbuch Methoden der empirischen Sozialforschung, Wiesbaden.

Berekoven, L./Eckert, W./Ellenrieder, P. (1999): Marktforschung, 8. Aufl., Wiesbaden.

Bünting, K.-D./Bitterlich, A./Pospiech, U. (2000): Schreiben im Studium: mit Erfolg, 5., gestraffte und völlig neu bearb. Aufl., Berlin.

Döring, N./Bortz, J. (2016): Forschungsmethoden und Evaluation in den Sozial- und Humanwissenschaften, Berlin/Heidelberg.

Eco, U. (2007): Wie man eine wissenschaftliche Abschlussarbeit schreibt., 12., unveränd. Aufl. d. dt. Ausg., Heidelberg.

Franck, N./Stary, J. (2013): Die Technik wissenschaftlichen Arbeitens: Eine praktische Anleitung, 17., überarb. Aufl., Paderborn.

Franck, N. (2004): Fit fürs Studium, 7. Aufl., München.

Frank, A./Haacke, St./Lahm, S. (2007): Schlüsselkompetenzen: Schreiben in Studium und Beruf, Stuttgart.

http://www.stata.com; Abfrage vom 12.03.2021.

https://www.ibm.com/de-de/analytics/spss-statistics-software oder STATA; Abfrage vom 12.03.2021.

https://www.maxqda.de/; Abfrage vom 12.03.2021.

https://www.wiwi-treff.de/WiWi-Literaturrecherche/Die-professionelle-WiWi-Literaturrecherche-Teil-1-Datenbank-finden/Artikel-7630; Abfrage vom 14.08.2020.

https://www.wiwi-treff.de/WiWi-Literaturrecherche/Die-professionelle-WiWi-Literaturrecherche-Teil-2-Effizient-recherchieren/Artikel-7710; Abfrage vom 14.08.2020.

https://www.wiwi-treff.de/WiWi-Literaturrecherche/Die-professionelle-WiWi-Literaturrecherche-Teil-3-Qualitaetsbewertung-von-Literatur/Artikel-7764; Abfrage vom 14.08.2020.

https://www.wiwi-treff.de/WiWi-Literaturrecherche/Die-professionelle-WiWi-Literaturrecherche-Teil-4-Zitieren/Artikel-7832; Abfrage vom 14.08.2020.

https://www.wiwi-treff.de/WiWi-Literaturrecherche/Die-professionelle-WiWi-Literaturrecherche-Teil-5-Statistiken-finden/Artikel-7921; Abfrage vom 14.08.2020.

Karmasin, M./Ribing, R. (2014): Die Gestaltung wissenschaftlicher Arbeiten: Ein Leitfaden für Seminararbeiten, Bachelor-, Master- und Magisterarbeiten sowie Dissertationen, 8., akt. Aufl., Stuttgart.

Koop, B. (2004): Zufriedenheit und Bindung von Mitarbeitern und Kunden: Integrierte Analyse und Steuerung in Unternehmen, Diss., Universität Mannheim, Mannheim (*http://bibserv7.bib.uni-mannheim.de/madoc/volltexte/2005/874*).

Kornmeier, M. (2018): Wissenschaftlich schreiben leicht gemacht für Bachelor, Master und Dissertation, 8., akt. und erw. Aufl., Bern.

Kruse, O. (2004): Keine Angst vor dem leeren Blatt, 10. Aufl., Frankfurt.

Kühtz, St. (2018): Wissenschaftlich formulieren, 5. Aufl., Paderborn.

Kümpel, T./Seng, A.: Einführung in das wissenschaftliche Arbeiten. Leitfaden der FOM zum wissenschaftlichen Arbeiten, Essen, jeweils aktuelle Fassung.

Kuckartz, U. (2016): Qualitative Inhaltsanalyse. Methoden, Praxis, Computerunterstützung. 3. Aufl., Weinheim/Basel.

Mayring, Ph. (2015): Qualitative Inhaltsanalyse. Grundlagen und Techniken, 12. Aufl., Weinheim/Basel.

Meffert, H. (1992): Marketingforschung und Käuferverhalten, Wiesbaden.

Popper, K. (1979): Die beiden Grundprobleme der Erkenntnistheorie, Tübingen.

Popper, K. (2005): Logik der Forschung. 11. Aufl., Tübingen.

Popper, K. (1974): Objektive Erkenntnis, 2. Aufl., Hamburg.

Pianos, T./Krüger, N. (2014): Erfolgreich recherchieren – Wirtschaftswissenschaften, Berlin.

Rückriem, G./Stary, J./ Franck, N. (1997): Die Technik wissenschaftlichen Arbeitens, 10., überarb. Aufl., Paderborn.

Schneider, W. (2019a): Praxisleitfaden Aufbau und Ablauf einer Marktforschungsstudie, Norderstedt.

Schneider, W. (2019b): Praxisleitfaden Marktforschungsstudie Kundenzufriedenheit, Norderstedt.

Theisen, M. R. (2017): Wissenschaftliches Arbeiten: Erfolgreich bei Bachelor- und Masterarbeit, 17. Auflage, München.

Töpfer, A. (2012): Erfolgreich Forschen, 3., überarb. und erw. Aufl., Berlin/Heidelberg.

Voss, R. (2011): Wissenschaftliches Arbeiten, 2., überarb. und korr. Aufl., Stuttgart.

Wind, Y. (1982): Product Policy - Concepts, Methods and Strategy, Reading (Mass.).

Winter, S. (2005): Mitarbeiterzufriedenheit und Kundenzufriedenheit: Eine mehrebenenanaly-
tische Untersuchung der Zusammenhänge auf Basis multidimensionaler Zufriedenheits-
messung, Diss., Universität Mannheim, Mannheim (*http://bibserv7.bib.uni-mannheim.de/
madoc/volltexte/2005/862*).

15 Informationen zum Autor

Prof. Dr. Willy Schneider

Jahrgang 1963

Kurzvita:

- Studium der Betriebswirtschaftslehre an der Universität Mannheim

- Träger des Preises der Dr. Carl Clemm- und Dr. Carl Haas-Stiftung, ausgezeichnet für die Diplomarbeit „Die Zufriedenheit der Kfz-Halter mit den Diensten von Autowerkstätten"

- Diverse Stationen in der Unternehmenspraxis

- Wissenschaftlicher Mitarbeiter am Marketing-Lehrstuhl von Prof. Dr. Erwin Dichtl, Universität Mannheim

- Promotion an der Universität Mannheim zum Dr. rer. pol. mit der Note „summa cum laude"; Auszeichnung der Dissertation mit dem Preis der Stiftung Promarketing

- Seit 1997 Leiter des Studiengangs BWL-Handel an der Dualen Hochschule Baden-Württemberg Mannheim

Weitere Funktionen:

- Lehrbeauftragter an diversen staatlichen und privaten Hochschulen (Center for Advanced Studies der Dualen Hochschule Baden-Württemberg, Rhein-Neckar-Graduate-School, Duale Hochschule Baden-Württemberg Mosbach, Fachhochschule für Ökonomie und Management Mannheim und Frankfurt, Popakademie Baden-Württemberg Mannheim) in Bachelor- und Masterstudiengängen

- Leitender Autor des Gabler Wirtschaftslexikons für die Bereiche Handelsbetriebslehre, Marketing und Vertriebspolitik

- Coach diverser Unternehmen

Veröffentlichungen (Auszug):

Schneider, W.: Aldi – Der Aufstieg vom Tante-Emma-Laden zum Discountprimus, 2.Aufl., Norderstedt 2020.

Schneider, W.: Arbeitsbuch Marketing-Management und Käuferverhalten, 2. Aufl., München 2012.

Schneider, W.: Brainpool Springfield – das „gelbe" Wirtschaftslexikon. Von A wie Advanced Marketing mit Homer bis Z für Zeppelinwerbung für mieses Bier, Norderstedt 2016.

Schneider, W.: Corleone Pizza – Case-Study zur Marketing-Forschung, Norderstedt 2019.

Schneider, W.: Customer Insights: Konsumentenpsychologie und Konsumentenverhalten, Norderstedt 2020.

Schneider, W.: Die Akquisition von Spenden als eine Herausforderung für das Marketing, Berlin 1996.

Schneider, W.: Einführung in die Kommunikationspolitik, Norderstedt 2019.

Schneider, W.: Einführung in die Preis- und Konditionenpolitik, Norderstedt 2019.

Schneider, W.: Einführung in die Produkt-, Programm- und Sortimentspolitik, Norderstedt 2019.

Schneider, W.: Einführung in die Vertriebspolitik, Norderstedt 2019.

Schneider, W.: Kompaktleitfaden für erfolgreiche wissenschaftliche Arbeiten in der Betriebswirtschaftslehre, Norderstedt 2020.

Schneider, W.: Kompakt-Lexikon HANDEL: 444 Schlüsselbegriffe des Handels-Managements, Norderstedt 2020.

Schneider, W.: Kommunikationsmanagement kompakt, Norderstedt 2020.

Schneider, W.: Kundenzufriedenheit kompakt – Konzept, Messung, Management, Norderstedt 2020.

Schneider, W.: Kundenzufriedenheit: Strategie, Messung, Management, Landsberg am Lech 2000.

Schneider, W.: Marketing-Ethik, Norderstedt 2020.

Schneider, W.: Marketing und Käuferverhalten, 3. Aufl., München 2009.

Schneider, W.: Marketing ultra-all-inclusive, Norderstedt 2018.

Schneider, W.: Marketingforschung und Käuferverhalten: Effiziente Beschaffung und Analyse von Markt- und Kundeninformationen, München 2012.

Schneider, W.: Markt- und Werbepsychologie, Norderstedt 2020.

Schneider, W.: McDonald′s – Ein Lehrstück für strategisches und operatives Marketing., Norderstedt 2018.

Schneider, W.: McMarketing – Einblicke in die Marketing-Strategie von McDonald′s, 2. Aufl., Wiesbaden 2015.

Schneider, W.: Operatives Marketing ultra-all-inclusive – Die 4 p's des Marketing-Mix: product, price, place, promotion, Norderstedt 2018.

Schneider, W.: Optimierung des Kundenmanagement mittels Kennzahlen - Key Performance Indikatoren des Customer Relationship Management, Norderstedt 2020.

Schneider, W.: Praxisleitfaden Aufbau und Ablauf einer Marktforschungsstudie, Norderstedt 2019.

Schneider, W.: Praxisleitfaden BALANCED SCORECARD - Integratives Marketing-Controlling mit einem ausbalancierten Kennzahlensystem, Norderstedt 2019.

Schneider, W.: Praxisleitfaden Kundenwert-Analyse – „Customer-Value-Management", Norderstedt 2020.

Schneider, W.: Praxisleitfaden Kundenzufriedenheit, Norderstedt 2019.

Schneider, W.: Praxisleitfaden SWOT-ANALYSE - Stärken/Schwächen sowie Chancen/Risiken identifizieren und managen, 2. Aufl., Norderstedt 2021.

Schneider, W.: Profitable Kundenorientierung durch Customer Relationship Management (CRM) - Wertvolle Kunden gewinnen, begeistern und dauerhaft binden, München 2008.

Schneider, W.: Red Bull verleiht Flüüügel – Fallstudie zum strategischen und operativen Marketing, Norderstedt 2018.

Schneider, W.: Strategisches Marketing ultra-all-inclusive, Norderstedt 2018.

Schneider, W.: Unternehmen, die unser Leben veränderten – Band 1: Wie McDonald′s den Hamburger auf das Fließband legte und mit Franchising die Welt eroberte, Norderstedt 2018.

Schneider, W./Hennig, A.: Kennzahlen Marketing und Vertrieb, Landsberg am Lech 2001.

Schneider, W./Hennig, A.: 100 Kennzahlen für profitable Kundenbeziehungen, Wiesbaden 2009.

Schneider, W./Hennig, A.: Lexikon Kennzahlen für Marketing und Vertrieb, 2. Aufl., Heidelberg 2008.

Schneider, W./Hennig, A.: Zur Kasse, Schnäppchen, München 2010.

Schneider, W./Kornmeier, M.: Kundenzufriedenheit – Konzept, Messung, Management, Bern 2006.

Schneider, W./Ossola-Haring, C.: Praxiswissen Management – Tools und Techniken für eine erfolgreiche Unternehmensführung, München 2002.

Hennig, A./Schneider, W. u. a.: 100 Kennzahlen der Balanced Scorecard, Wiesbaden 2008.

Kornmeier, M./Schneider, W.: Balanced Management, Berlin 2006.